T0066962
ESTE LIBRO PERTENECE A

ORACIONES Y PROMESAS PARA LOS NIÑOS

BroadStreet
ESPAÑOL

ÍNDICE

INTRODUCCIÓN

¡Es un gran privilegio ser un hijo de Dios! Tú eres importante para Dios, y Él quiere tener una relación especial contigo. Leer todos los días un poquito de su Palabra te dará fuerzas y te llenará de esperanza.

Oraciones y promesas para los niños es una colección organizada por temas sobre las promesas de Dios, las cuales te guiarán a través de lecciones de valentía, fe, fortaleza, sabiduría, honor y mucho más. Las oraciones sinceras y preguntas motivadoras te dan la oportunidad de meditar más profundamente en las promesas que se encuentran en la Palabra de Dios.

¡Recibe ánimo al encontrarte con Dios y aprender más sobre el amor que Él siente por ti!

AMISTAD

El verdadero amigo siempre ama, y en tiempos
de necesidad es como un hermano.

PROVERBIOS 17:17 NBV

«Nadie tiene amor más grande que el dar la vida por sus amigos. Ustedes son mis amigos si hacen lo que yo les mando. Ya no los llamo siervos, porque el siervo no está al tanto de lo que hace su amo; los he llamado amigos, porque todo lo que a mi Padre le oí decir se lo he dado a conocer a ustedes».

JUAN 15:13-15 NVI

Hay quienes parecen amigos,
pero se destruyen unos a otros; el amigo verdadero
se mantiene más leal que un hermano.

PROVERBIOS 18:24 NTV

Así que en todo traten ustedes a los demás tal y
como quieren que ellos los traten a ustedes.

MATEO 7:12 NVI

Amado Dios, amo a mis amigos, pero no sé si ellos lo saben. Es difícil para mí demostrarles lo mucho que los aprecio. Te pido que, contigo como mi ejemplo, mis acciones demuestren a mis amigos que son una bendición para mí.

¿Por cuál amigo puedes orar ahora mismo?

HONOR

«A quien me sirva, mi Padre lo honrará».

Juan 12:26 NVI

Así que humíllense ante el gran poder de Dios y, a su debido tiempo, él los levantará con honor.

1 Pedro 5:6 NTV

El que va tras la justicia y el amor halla vida, prosperidad y honra.

Proverbios 21:21 NVI

Ámense con cariño de hermanos y deléitense en el respeto mutuo.

Romanos 12:10 NBV

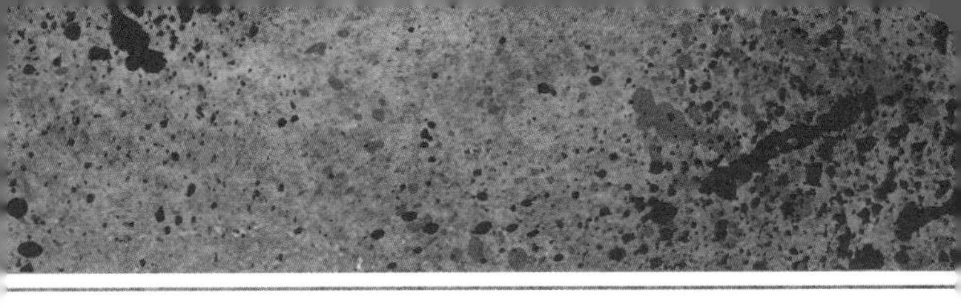

Amado Dios, tú me honras y me pides que yo honre a otros. Debería ponerlos por delante de mí para honrarlos. Ayúdame a ser humilde y amable. Quiero ser más como tú cada día.

¿Cómo puedes honrar hoy a alguien?

RESPETO

Traten a todos con respeto. Amen a los hermanos, honren a Dios y respeten al rey.

1 Pedro 2:17 NBV

Obedezcan a sus dirigentes y sométanse a ellos, pues cuidan de ustedes como quienes tienen que rendir cuentas. Obedézcanlos a fin de que ellos cumplan su tarea con alegría y sin quejarse, pues el quejarse no les trae ningún provecho.

Hebreos 13:17 NVI

No hagan nada por egoísmo o vanidad; más bien, con humildad consideren a los demás como superiores a ustedes mismos.

Filipenses 2:3 NVI

Amado Dios, a veces actúo maleducadamente o con falta de respeto cuando no estoy de acuerdo con algo o cuando las cosas no se hacen como yo quiero. Tú dices que respete a todas las personas y especialmente que respete y obedezca a mis líderes, como por ejemplo a mis padres o maestros. Ayúdame a ser más respetuoso con todas las personas cercanas en mi vida.

¿Cómo puedes mostrar respeto hoy?

SABIDURÍA

La sabiduría entrará en tu corazón,
y el conocimiento te llenará de alegría.
La prudencia te cuidará y la inteligencia te mantendrá
a salvo. La sabiduría te librará de los malvados,
de los que hablan perversidades.

Proverbios 2:10-12 NBV

La sabiduría y el dinero abren casi todas las puertas,
pero solo la sabiduría puede salvarte la vida.

Eclesiastés 7:12 NTV

Si a alguno de ustedes le falta sabiduría, pídasela a Dios,
y él se la dará, pues Dios da a todos
generosamente sin menospreciar a nadie.

Santiago 1:5 NVI

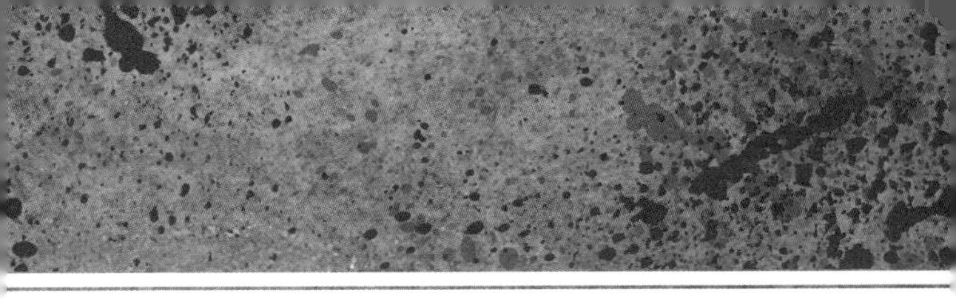

Amado Dios, oigo a los adultos conversar sobre ser sabio y tener sabiduría. No es algo que pensaba que yo podría tener, pero tú dices que me la darás si te la pido. Quiero más sabiduría para poder vivir mejor para ti.

¿Cómo podría ayudarte la sabiduría a tomar mejores decisiones?

CUIDADO

Cada uno debe buscar no sólo su propio bien,
sino también el bien de los demás.

Filipenses 2:4 NBV

Si alguien que posee bienes materiales ve que su hermano está pasando necesidad, y no tiene compasión de él, ¿cómo se puede decir que el amor de Dios habita en él? Queridos hijos, no amemos de palabra ni de labios para afuera, sino con hechos y de verdad.

1 Juan 3:17-18 NVI

«Porque tuve hambre, y ustedes me dieron de comer; tuve sed, y me dieron de beber; fui forastero, y me dieron alojamiento; necesité ropa, y me vistieron; estuve enfermo, y me atendieron; estuve en la cárcel, y me visitaron».

Mateo 25:35-36 NVI

Amado Dios, me importan mi familia y amigos. Ayúdame a amarlos y a interesarme por ellos como tú lo haces, y a no pensar solamente en mí mismo.

¿Cómo puedes cuidar hoy de un amigo?

DILIGENCIA

Los planes bien pensados: ¡pura ganancia!
Los planes apresurados: ¡puro fracaso!

Proverbios 21:5 nvi

Trabajen con entusiasmo, como si lo hicieran
para el Señor y no para la gente.

Efesios 6:7 ntv

Cada uno se sacia del fruto de sus labios,
y de la obra de sus manos recibe su recompensa.

Proverbios 12:14 nvi

Así que no nos cansemos de hacer el bien,
porque si lo hacemos sin desmayar,
a su debido tiempo recogeremos la cosecha.

Gálatas 6:9 nbv

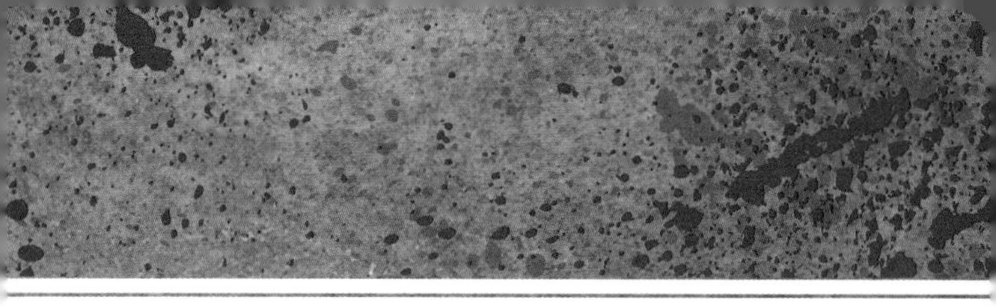

Amado Dios, las tareas de casa y las tareas de la escuela no siempre son divertidas. Tú dices que trabaje con entusiasmo, y que trabaje como si lo hiciera para ti. Ayúdame a ser más diligente y a tener una mejor actitud en cuanto al trabajo.

¿Qué te ayudaría a tener más entusiasmo para trabajar?

TENTACIÓN

Las tentaciones que enfrentan en su vida no son de las distintas que otros atraviesan. Y Dios es fiel; no permitirá que la tentación sea mayor de lo que puedan soportar. Cuando sean tentados, él les mostrará una salida, para que puedan resistir.

1 Corintios 10:13 NTV

«Estén alerta y oren para que no caigan en tentación. El espíritu está dispuesto, pero el cuerpo es débil».

Mateo 26:41 NVI

He atesorado tu palabra en mi corazón, para no pecar contra ti.

Salmos 119:11 NBV

Amado Dios, a todas las personas nos cuesta lidiar con las tentaciones, pero tú dices que siempre me das una salida para no tomar una mala decisión. Te pido que me ayudes a hacer lo correcto.

¿Qué te ayuda a resistir la tentación?

FORTALEZA

Dios es nuestro amparo y nuestra fortaleza,
nuestra ayuda segura en momentos de angustia.

Salmos 46:1 NVI

Pero el Señor es fiel, y él los fortalecerá
y los protegerá del maligno.

2 Tesalonicenses 3:3 NVI

No tengas miedo, porque yo estoy contigo;
no te desalientes, porque yo soy tu Dios.
Te daré fuerzas y te ayudaré;
te sostendré con mi mano derecha victoriosa.

Isaías 41:10 NTV

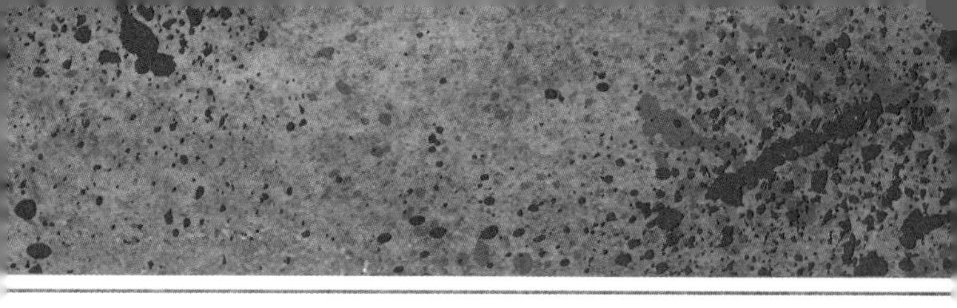

Amado Dios, siento que siempre tengo que actuar con fuerza y dureza incluso cuando no me siento de ese modo. Es hermoso saber que, aunque puedo ser débil, tú me das fortaleza cuando estoy contigo. Gracias por mantenerme a salvo.

¿Qué hace Jesús para que te sientas más fuerte?

APRENDIZAJE

El que adquiere sabiduría a sí mismo se ama;
el que posee entendimiento prospera.

Proverbios 19:8 NBV

Hijo mío, presta atención a mi sabiduría;
escucha cuidadosamente mi sabio consejo.
Entonces demostrarás discernimiento,
y tus labios expresarán lo que has aprendido.

Proverbios 5:1-2 NTV

Aférrate a la instrucción, no la dejes escapar;
cuídala bien, que ella es tu vida.

Proverbios 4:13 NVI

Pongan en práctica lo que de mí han aprendido,
recibido y oído, y lo que han visto en mí,
y el Dios de paz estará con ustedes.

Filipenses 4:9 NVI

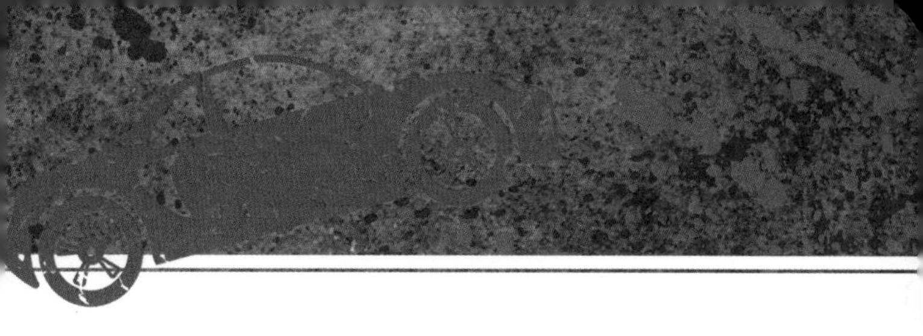

Amado Dios, aprender no siempre es divertido, pero sé que es algo que tengo que hacer. Ayúdame a disfrutar del aprendizaje que viene de ti, porque me enseñará a vivir como tú quieres que viva.

¿Qué te ayuda a aprender?

ESPERANZA

Bueno es el Señor con quienes en él confían,
con todos los que lo buscan.

Lamentaciones 3:25 NVI

Y esta esperanza no nos defrauda, porque Dios
ha derramado su amor en nuestro corazón
por el Espíritu Santo que nos ha dado.

Romanos 5:5 NVI

No, el Señor se deleita en los que le temen,
en los que ponen su esperanza en su amor inagotable.

Salmos 147:11 NTV

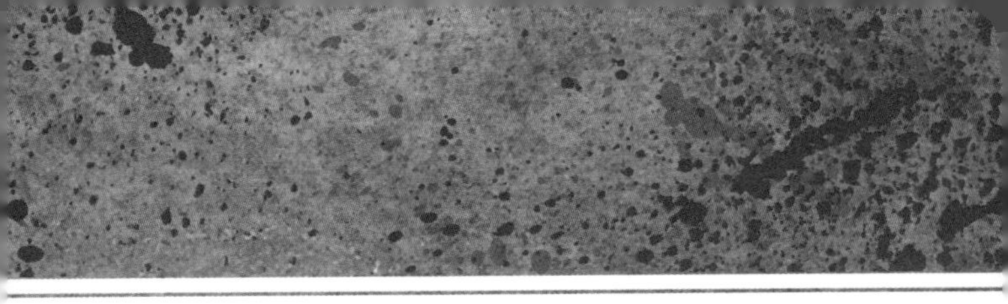

Amado Dios, es bueno vivir con esperanza. Cuando suceden cosas malas, a veces pierdo la esperanza. Entonces recuerdo que tú me amas y deseas lo mejor para mí. Gracias por esa esperanza.

¿Cómo cambia tu modo de vivir el hecho de tener esperanza?

ALEGRÍA

Que el Dios de la esperanza los llene de toda alegría y paz a ustedes que creen en él, para que rebosen de esperanza por el poder del Espíritu Santo.

Romanos 15:13 NVI

«¡Vayan a sus casas a celebrar este día!
Preparen buena comida, beban vino dulce
y compartan con los que no tienen nada preparado.
No, no se entristezcan porque el gozo del Señor
es nuestra fortaleza».

Nehemías 8:10 NBV

El Señor es mi fortaleza y mi escudo; confío en él con todo mi corazón. Me da su ayuda y mi corazón se llena de alegría; prorrumpo en canciones de acción de gracias.

Salmos 28:7 NTV

Amado Dios, gracias por tu alegría. Gracias por permitirme reír con mis amigos y bromear con mi familia. Estoy feliz porque te pertenezco a ti.

¿Cómo hace Dios para que te sientas alegre?

PACIENCIA

Hermanos, les rogamos que amonesten a los perezosos. Alienten a los tímidos. Cuiden con ternura a los débiles. Sean pacientes con todos.

1 Tesalonicenses 5:14 NTV

Sigan el ejemplo de los que por fe y con paciencia heredan las promesas de Dios.

Hebreos 6:12 NBV

Siempre humildes y amables, pacientes, tolerantes unos con otros en amor.

Efesios 4:2 NVI

El que es paciente muestra gran discernimiento; el que es agresivo muestra mucha insensatez.

Proverbios 14:29 NVI

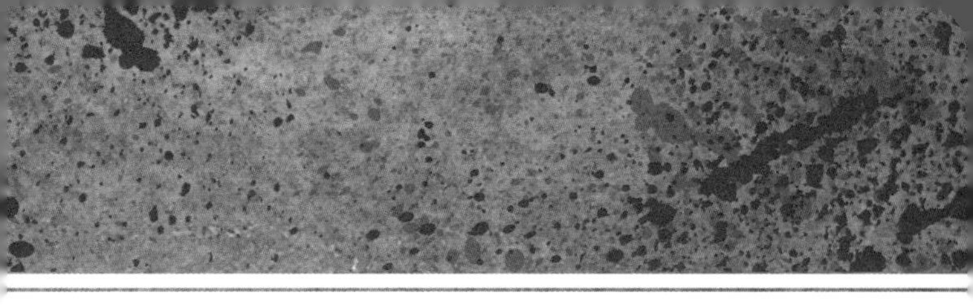

Amado Dios, la paciencia es algo difícil de poner en práctica, pero tú valoras la paciencia y no el enojo. Quiero agradarte y tratar a los demás con amor. Cuando sienta que me estoy enojando con alguien o actuando de modo maleducado, te pido que pueda pensar en ti y ser paciente.

¿Qué te ayuda a ser paciente cuando te frustras?

SALUD

El mundo se acaba con sus malos deseos,
pero el que hace la voluntad de Dios
permanece para siempre.

1 Juan 2:17 NVI

No seas sabio en tu propia opinión; más bien,
teme al Señor y huye del mal. Esto infundirá salud
a tu cuerpo y fortalecerá tu ser.

Proverbios 3:7-8 NVI

Jamás olvidaré tus mandamientos,
pues por medio de ellos me diste vida.

Salmos 119:93 NTV

El corazón alegre es una buena medicina,
pero el ánimo triste debilita el cuerpo.

Proverbios 17:22 NBV

Amado Dios, gracias por los días de salud que me has dado. Si mantengo el corazón alegre, tú dices que eso es buena medicina. Ayúdame a mantener una actitud alegre para poder mantenerme sano.

¿Cómo hace que se sienta tu cuerpo tener un corazón alegre?

GUÍA

Encamíname en tu verdad, ¡enséñame!
Tú eres mi Dios y Salvador;
¡en ti pongo mi esperanza todo el día!

Salmos 25:5 NVI

El que es sabio y los escucha, adquiere mayor sabiduría,
y el entendido recibe dirección.

Proverbios 1:5 NBV

Podemos hacer nuestros planes,
pero el Señor determina nuestros pasos.

Proverbios 16:9 NTV

Porque todos los que son guiados
por el Espíritu de Dios son hijos de Dios.

Romanos 8:14 NVI

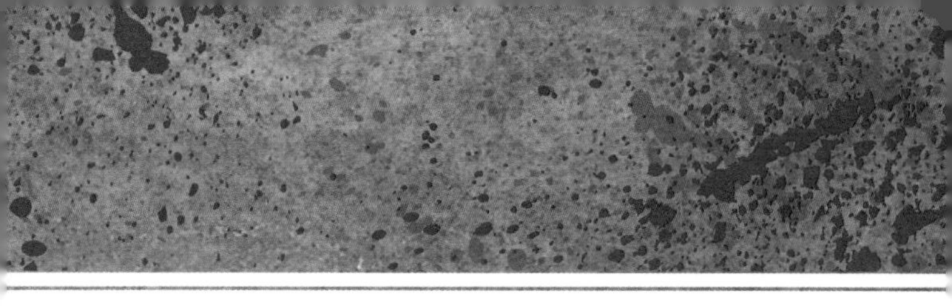

Amado Dios, sé que necesito guía, pero a veces quiero hacer las cosas a mi manera. Siento que no necesito ayuda. No debería pensar así porque tú eres el mejor guía, y me enseñas cómo debería vivir.

¿Cómo puedes dejar que Dios sea tu guía hoy?

BONDAD

Todo lo que Dios ha creado es bueno, y nada es despreciable si se recibe con acción de gracias.

1 Timoteo 4:4 NVI

Prueben y vean que el Señor es bueno;
¡qué alegría para los que se refugian en él!

Salmos 34:8 NTV

Sé que ustedes son sabios y bondadosos, hermanos míos, y que están capacitados para enseñarse unos a otros.

Romanos 15:14 NBV

Amado Dios, es difícil entender que haya maldad en este mundo cuando tú eres tan bueno. Te pido que otros vean tu bondad en mí y que así yo sea una luz en la oscuridad. Gracias por tu bondad.

¿Cómo puedes mostrar a otros la bondad de Dios?

AGRADECIMIENTO

No he dejado de dar gracias por ustedes
al recordarlos en mis oraciones.

Efesios 1:6 nvi

Pero el dar gracias es un sacrificio que verdaderamente
me honra; si permanecen en mi camino,
les daré a conocer la salvación de Dios.

Salmos 50:23 ntv

Estén siempre alegres, oren sin cesar,
den gracias a Dios en toda situación, porque esta
es su voluntad para ustedes en Cristo Jesús.

1 Tesalonicenses 5:16-18 nvi

Entremos por sus puertas con canciones de alabanza
y gratitud. Démosle gracias y bendigamos su nombre.

Salmos 100:4 nbv

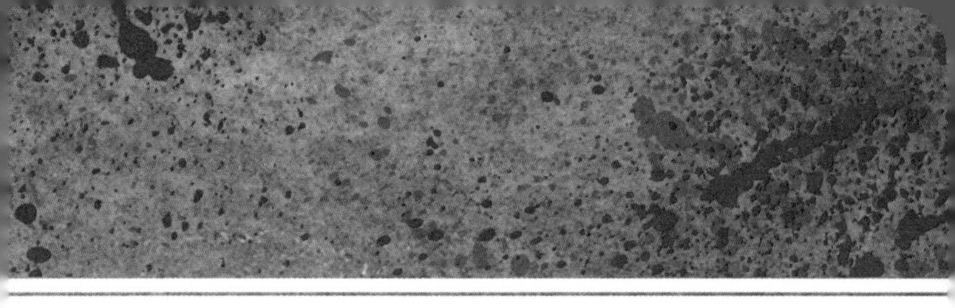

Amado Dios, tú eres la razón de todo lo bueno que hay en mi vida. Ayúdame a tener un corazón más agradecido. Gracias por este día, y gracias por mis amigos y mi familia.

¿Por qué razones puedes darle gracias a Dios ahora mismo?

CONFIABILIDAD

Porque «todo mortal es como la hierba, y toda su gloria como la flor del campo; la hierba se seca y la flor se cae, pero la palabra del Señor permanece para siempre».

1 Pedro 1:24-25 NVI

De lo alto nos viene todo lo bueno y perfecto. Allí es donde está el Padre que creó todos los astros del cielo, y que no cambia como las sombras.

Santiago 1:17 NBV

Dará vida eterna a los que siguen haciendo el bien, pues de esa manera demuestran que buscan la gloria, el honor y la inmortalidad que Dios ofrece.

Romanos 2:7 NTV

Amado Dios, sé que puedo confiar en ti para cualquier cosa. Nada en este mundo es tan confiable como tú. Tú eres eterno. Ayúdame a extraer de ti mi fortaleza cada día.

¿Qué significa para ti ser confiable?

EXCELENCIA

Por último, hermanos, consideren bien todo lo verdadero, todo lo respetable, todo lo justo, todo lo puro, todo lo amable, todo lo digno de admiración, en fin, todo lo que sea excelente o merezca elogio.

Filipenses 4:8 nvi

Hagan lo que hagan, trabajen de buena gana, como para el Señor.

Colosenses 3:23 nvi

En conclusión: uno debe de glorificar a Dios en todo lo que hace; hasta en lo que come y bebe.

1 Corintios 10:31 nbv

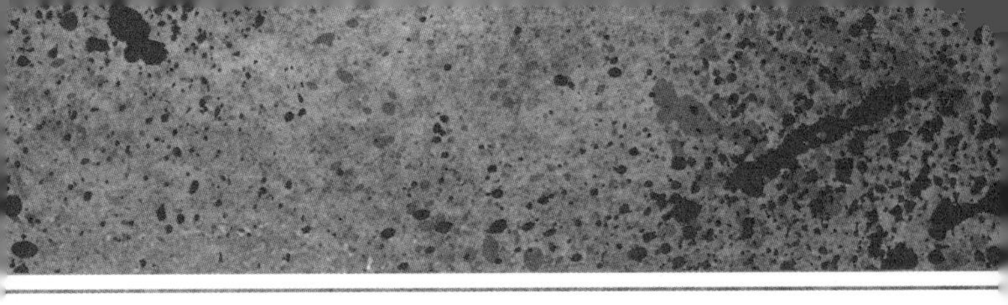

Amado Dios, tú me creaste para ser excelente y para representarte bien. Debería estar pensando más en cosas que sean buenas y correctas. Ayúdame a pensar y a actuar más como tú.

¿Por qué crees que la excelencia es importante para Dios?

BENDICIONES

Porque tú, Señor, bendices a los justos;
cual escudo los rodeas con tu buena voluntad.

Salmos 5:12 NVI

«Pero aún más bendito es todo el que escucha
la palabra de Dios y la pone en práctica».

Lucas 11:28 NTV

Alabado sea Dios, Padre de nuestro Señor Jesucristo,
que nos ha bendecido en las regiones celestiales con toda
bendición espiritual en Cristo. Dios nos escogió en él
antes de la creación del mundo, para que seamos santos
y sin mancha delante de él. En amor.

Efesios 1:3-4 NVI

Amado Dios, tú bendices a los que hacen lo correcto. Quiero hacer lo correcto no solo por las bendiciones que tú das sino también para agradarte. Tú me escogiste para ser tu hijo, y quiero hacer todo lo posible por vivir como tú.

¿Cómo ha bendecido Jesús tu vida últimamente?

HUMILDAD

Fue mi mano la que hizo todas estas cosas;
fue así como llegaron a existir —afirma el Señor—.
Yo estimo a los pobres y contritos de espíritu,
a los que tiemblan ante mi palabra.

Isaías 66:2 NVI

Humíllense delante del Señor, y él los exaltará.

Santiago 4:10 NVI

El orgulloso será humillado,
pero el humilde será honrado.

Proverbios 29:23 NBV

¡No! Oh pueblo, el Señor te ha dicho lo que es bueno,
y lo que él exige de ti: que hagas lo que es correcto,
que ames la compasión y que
camines humildemente con tu Dios.

Miqueas 6:8 NTV

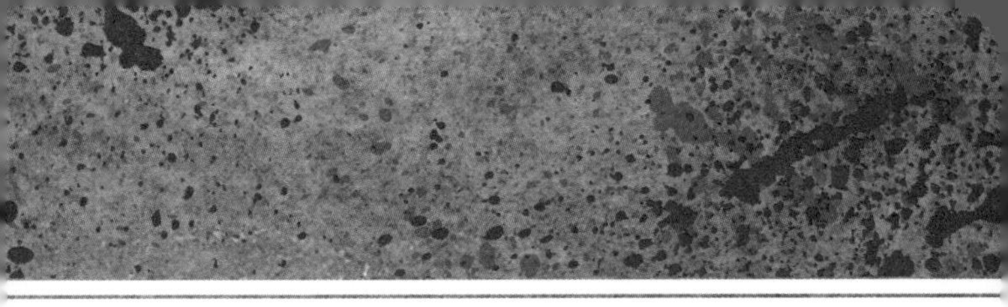

Amado Dios, no quiero ser orgulloso, pero a veces actúo así. Quiero ser amable y humilde con mis amigos y mi familia. Quiero que ellos te vean en mí. Ayúdame a tener más humildad.

¿Puedes describir alguna ocasión en la que mostraste humildad en lugar de orgullo?

PREOCUPACIÓN

Encomienda al Señor tus afanes,
y él te sostendrá; no permitirá que el justo
caiga y quede abatido para siempre.

Salmos 55:22 nvi

«¿Quién de ustedes, por mucho que se preocupe,
puede añadir una sola hora al curso de su vida?».

Lucas 12:25 nvi

La preocupación agobia a la persona;
una palabra de aliento la anima.

Proverbios 12:25 ntv

No se angustien por nada; más bien, oren;
pídanle a Dios en toda ocasión y denle gracias.
Y la paz de Dios, esa paz que nadie puede comprender,
cuidará sus corazones y pensamientos en Cristo.

Filipenses 4:6-7 nbv

Amado Dios, me resulta fácil preocuparme por cosas que están fuera de mi control. Tengo que recordar que todo está en tus manos. Ayúdame a orar más y a preocuparme menos, para que pueda mantener mi corazón y mi mente centrados en ti.

¿Estás preocupado por algo en este momento?

PROPÓSITO

Ya que han resucitado con Cristo,
busquen las cosas de arriba, donde está Cristo
sentado a la derecha de Dios.

Colosenses 3:1 nvi

Ahora bien, sabemos que Dios dispone todas las cosas
para el bien de quienes lo aman, los que han sido
llamados de acuerdo con su propósito.

Romanos 8:28 nvi

Hijo mío, toma en cuenta mis consejos,
escucha atentamente mis palabras.
No pierdas de vista mis palabras,
grábalas en lo más profundo de tu corazón.

Proverbios 4:20-21 nbv

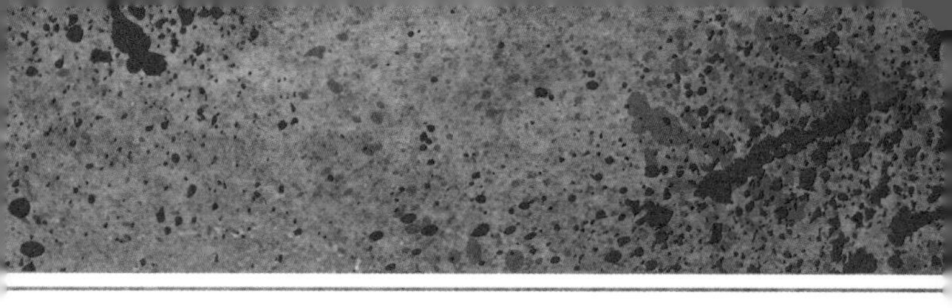

Amado Dios, gracias porque tienes un gran propósito para mi vida. Ayúdame a caminar cerca de ti para que no me distraiga con otras cosas. Tú quieres lo mejor para mí, y confío en que me mostrarás lo que es.

¿Tienes una idea de lo que Dios podría querer que hagas con tu vida?

CORTESÍA

Cada uno debe agradar al prójimo para su bien, con el fin de edificarlo. Porque ni siquiera Cristo se agradó a sí mismo, sino que, como está escrito: «Sobre mí han recaído los insultos de tus detractores».

ROMANOS 15:2-3 NVI

Asegúrense de que ninguno pague mal por mal, más bien siempre traten de hacer el bien entre ustedes y a todos los demás.

1 TESALONICENSES 5:15 NTV

Recuérdales a todos que deben mostrarse obedientes y sumisos ante los gobernantes y las autoridades. Siempre deben estar dispuestos a hacer lo bueno: a no hablar mal de nadie, sino a buscar la paz y ser respetuosos, demostrando plena humildad en su trato con todo el mundo.

TITO 3:1-2 NVI

Amado Dios, quiero edificar a otros y hacer que se sientan bien. Ayúdame a animar a mis amigos y a pensar en ellos antes que en mí. Te pido también que yo pueda ser amable con los desconocidos y ayudar a todo el que esté en necesidad.

¿Se te ocurre algún ejemplo de cómo podrías mostrar cortesía a algún amigo?

AMABILIDAD

Por el contrario, sean amables unos con otros,
sean de buen corazón, y perdónense unos a otros,
tal como Dios los ha perdonado a ustedes
por medio de Cristo.

Efesios 4:32 NTV

El que es bondadoso se beneficia a sí mismo,
pero el que es cruel se destruye.

Proverbios 11:17 NBV

¿No ves que desprecias las riquezas de la bondad de
Dios, de su tolerancia y de su paciencia, al no reconocer
que su bondad quiere llevarte al arrepentimiento?

Romanos 2:4 NVI

¡Grande es su amor por nosotros! ¡La fidelidad
del Señor es eterna! ¡Aleluya! ¡Alabado sea el Señor!

Salmos 117:2 NVI

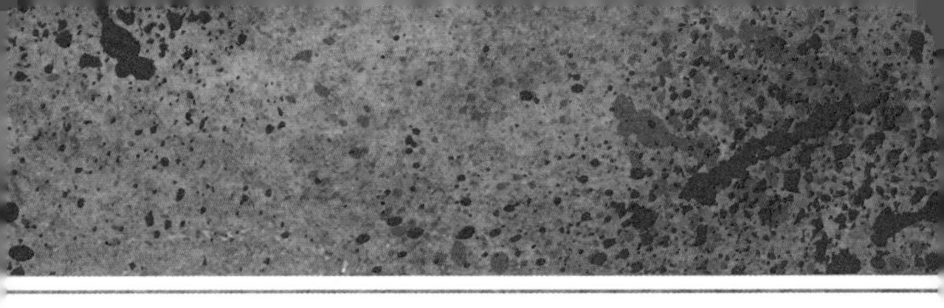

Amado Dios, tu bondad y amabilidad deben ser un ejemplo para que yo lo siga en mi vida. No siempre es fácil ser amable, pero así es como muestro tu amor a otros. Ayúdame a ser más amable con mis amigos, mi familia y aquellos con los que me encuentro en mi camino cada día.

¿Qué cosa amable hiciste por alguien hoy?

RECOMPENSA

Recuerden que el Señor los recompensará con una herencia y que el Amo a quien sirven es Cristo.

Colosenses 3:24 NTV

«Ustedes, por el contrario, amen a sus enemigos, háganles bien y denles prestado sin esperar nada a cambio. Así tendrán una gran recompensa y serán hijos del Altísimo, porque él es bondadoso con los ingratos y malvados».

Lucas 6:35 NVI

En realidad, sin fe es imposible agradar a Dios, ya que cualquiera que se acerca a Dios tiene que creer que él existe y que recompensa a quienes lo buscan.

Hebreos 11:6 NVI

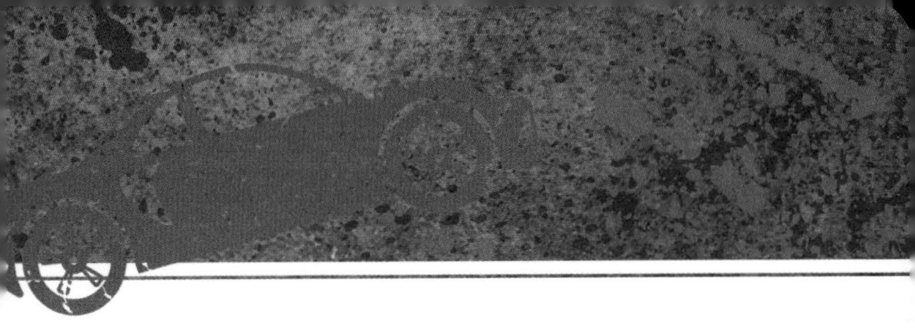

Amado Dios, es mejor hacer buenas obras sin esperar nada a cambio. Ayúdame a tener ese tipo de actitud cuando ayude a otros. Espero con anhelo la recompensa que tienes para mí en el cielo.

¿Por qué es importante para Dios la actitud de servir sin esperar nada a cambio?

LIDERAZGO

Y un siervo del Señor no debe andar peleando;
más bien, debe ser amable con todos, capaz de enseñar
y no propenso a irritarse. Así, humildemente,
debe corregir a los adversarios, con la esperanza
de que Dios les conceda el arrepentimiento
para conocer la verdad.

2 Timoteo 2:24-25 NVI

Con tus buenas obras, dales tú mismo ejemplo en todo.
Cuando enseñes, hazlo con integridad y seriedad.

Tito 2:7 NVI

Sin liderazgo sabio, la nación se hunde;
la seguridad está en tener muchos consejeros.

Proverbios 11:14 NTV

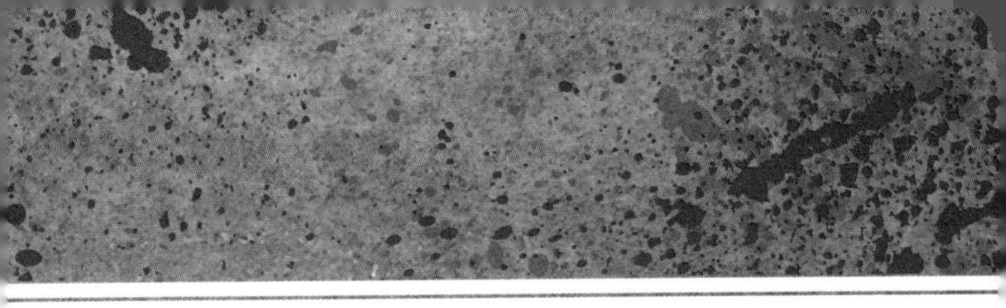

Amado Jesús, tú eres mi líder y aprendo de ti. Es bueno tener líderes en mi vida para poder aprender a ser también un líder. Ayúdame a ser un buen ejemplo para otros mostrándoles honestidad y amor.

¿De qué maneras eres un buen líder?

TEMOR

Pues Dios no nos ha dado un espíritu de timidez,
sino de poder, de amor y de dominio propio.

2 Timoteo 1:7 NVI

El Señor es mi luz y mi salvación;
¿a quién temeré? El Señor es el baluarte de mi vida;
¿quién podrá amedrentarme?

Salmos 27:1 NVI

Pero cuando tenga miedo,
pondré mi confianza en ti.
Oh Dios, alabo tu palabra.
Confío en Dios, ¿por qué temeré?
¿Qué podrá hacerme un simple mortal?

Salmos 56:3-4 NBV

Amado Dios, a veces tengo miedo, aunque la gente dice que no debo tenerlo. Ayúdame a recordar que tú me diste un espíritu de poder y amor, así que no tengo por qué tener miedo de nada.

¿Qué temores puedes entregarle a Dios ahora mismo?

LIBERTAD

Ahora bien, el Señor es el Espíritu; y,
donde está el Espíritu del Señor, allí hay libertad.

2 Corintios 3:17 nvi

Les hablo así, hermanos, porque ustedes han sido llamados a ser libres; pero no se valgan de esa libertad para dar rienda suelta a sus pasiones. Más bien sírvanse unos a otros con amor.

Gálatas 5:13 nvi

El Espíritu que es don de Dios, no quiere que temamos a la gente, sino que tengamos fortaleza, amor y dominio propio.

2 Timoteo 1:7 nbv

«Así que, si el Hijo los hace libres,
ustedes son verdaderamente libres».

Juan 8:36 ntv

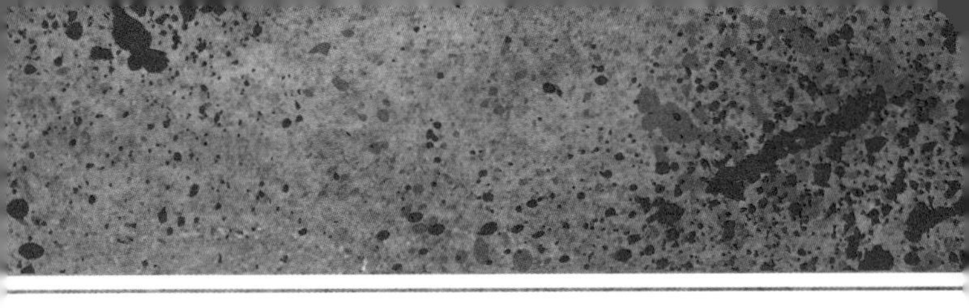

Amado Dios, es un regalo poder vivir en libertad y poder hacer lo que quiero. Te pido que cambies mi corazón para que lo que yo quiera hacer te honre a ti siempre. ¡Gracias por la libertad!

¿Cómo puedes usar tu libertad para servir a Dios?

JUSTICIA

Queridos hermanos, nunca tomen venganza
sino déjensela a Dios, porque así está escrito:
«A mí me corresponde vengarme. Yo le daré su pago
a cada quien, dice el Señor».

Romanos 12:19 NBV

Él es la Roca, sus obras son perfectas,
y todos sus caminos son justos. Dios es fiel;
no practica la injusticia. Él es recto y justo.

Deuteronomio 32:4 NVI

Yo sé que el Señor hace justicia a los pobres
y defiende el derecho de los necesitados.

Salmos 140:12 NVI

Hay alegría para los que tratan con justicia a los demás
y siempre hacen lo que es correcto.

Salmos 106:3 NTV

Amado Dios, no siempre hay justicia en este mundo, y a veces eso me hace enojar. Personas que hacen cosas malas no siempre son castigadas, y personas que hacen cosas buenas a veces se meten en problemas. Ayúdame a deshacerme de mi enojo y a dejar que tú seas el juez perfecto.

¿Por qué Dios es el mejor juez para el mundo?

CAMBIO

«Les aseguro que a menos que ustedes cambien
y se vuelvan como niños, no entrarán
en el reino de los cielos».

Mateo 18:3 NVI

Les voy a revelar ahora un secreto: No todos moriremos,
pero todos seremos transformados.

1 Corintios 15:51 NBV

Él tomará nuestro débil cuerpo mortal y lo transformará
en un cuerpo glorioso, igual al de él.
Lo hará valiéndose del mismo poder con el que
pondrá todas las cosas bajo su dominio.

Filipenses 3:21 NTV

Jesucristo es el mismo ayer y hoy y por los siglos.

Hebreos 13:8 NVI

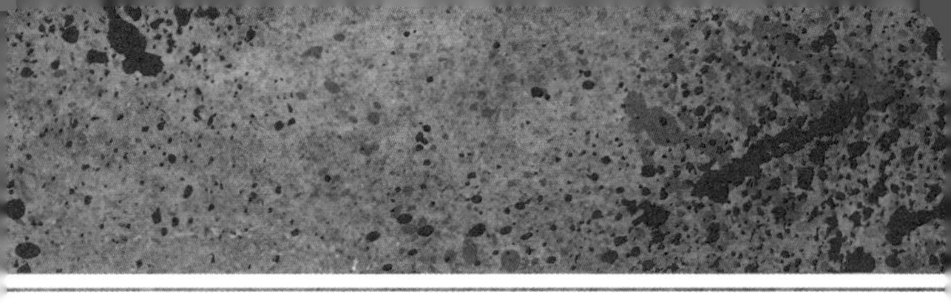

Amado Dios, el cambio a veces puede dar miedo, como cuando me mudo de casa o voy a una escuela nueva. Pero el cambio para ti significa ser bueno, generoso, y ayudar a mis amigos y mi familia. Quiero hacer ese tipo de cambio. Gracias porque tú eres perfecto, ¡y nunca cambias!

¿Qué tipo de cambios quieres hacer por Jesús?

PERDÓN

«Porque, si perdonan a otros sus ofensas, también los perdonará a ustedes su Padre celestial».

Mateo 6:14 NVI

De modo que se toleren unos a otros y se perdonen si alguno tiene queja contra otro. Así como el Señor los perdonó, perdonen también ustedes.

Colosenses 3:13 NVI

Si confesamos nuestros pecados, Dios, que es fiel y justo, nos los perdonará y nos limpiará de toda maldad.

1 Juan 1:9 NVI

Dios es tan rico en gracia y bondad que compró nuestra libertad con la sangre de su Hijo y perdonó nuestros pecados.

Efesios 1:7 NTV

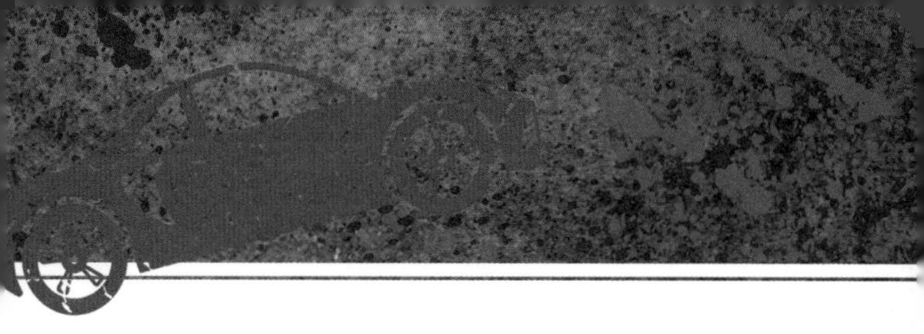

Amado Dios, no es fácil perdonar a otros cuando estoy enojado. Tengo que recordar que yo tampoco soy perfecto y que tú me perdonas todos los días. Ayúdame a imitar tu ejemplo.

¿Por qué a veces es tan difícil perdonar?

FELICIDAD

¡Oh Señor, te alabaré con todo el corazón,
y le contaré a todo el mundo las maravillas que haces!
Me alegraré, sí; por ti estaré lleno de gozo.
Cantaré tus alabanzas, oh Altísimo.

Salmos 9:1-2 nbv

Señor, solo tú eres mi herencia, mi copa de bendición;
tú proteges todo lo que me pertenece. La tierra que me
has dado es agradable; ¡qué maravillosa herencia!

Salmos 16:5-6 ntv

El corazón feliz, alegra la cara;
el corazón lastimado, entristece el espíritu.

Proverbios 15:13 nbv

Yo sé que nada hay mejor para el hombre
que alegrarse y hacer el bien mientras viva.

Eclesiastés 3:12 nvi

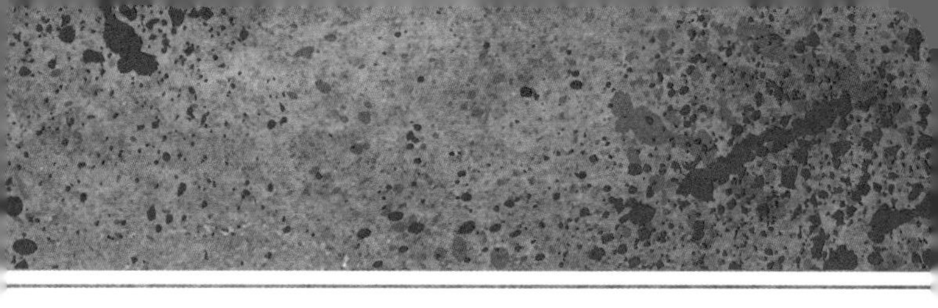

Amado Dios, he aprendido que un corazón feliz es un corazón agradecido, así que gracias por todo lo que me has dado. A partir de ahora, quiero apreciarte más a ti y también la vida que me has dado. Por favor, ayúdame a tener una actitud más feliz y de más agradecimiento.

¿Hay algo por lo que estés especialmente feliz hoy?

AYUDA

Hermanos míos, considérense muy dichosos cuando tengan que enfrentarse con diversas pruebas, pues ya saben que la prueba de su fe produce constancia.

SANTIAGO 1:2-3 NVI

Pero el necesitado no será olvidado para siempre, ni para siempre se perderá la esperanza del pobre.

SALMOS 9:18 NVI

Por lo tanto, renueven las fuerzas de sus manos cansadas y fortalezcan sus rodillas debilitadas. Tracen un camino recto para sus pies, a fin de que los débiles y los cojos no caigan, sino que se fortalezcan.

HEBREOS 12:12-13 NTV

«Debe bastarte mi amor. Mi poder se manifiesta más cuando la gente es débil».

2 CORINTIOS 12:9 NBV

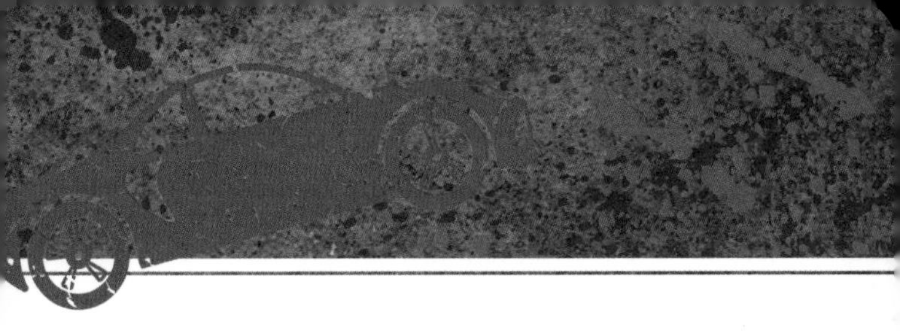

Amado Dios, hay cosas que no puedo hacer yo solo, y así es como debe ser. No debería confiar en mis propias fuerzas, porque no soy suficientemente fuerte para enfrentar el mundo sin ti. Gracias por ayudarme en mi debilidad.

¿En qué área necesitas la ayuda de Dios?

ETERNIDAD

En cambio, nosotros somos ciudadanos del cielo, donde vive el Señor Jesucristo; y esperamos con mucho anhelo que él regrese como nuestro Salvador.

Filipenses 3:20 NTV

«Y, si me voy y se lo preparo, vendré para llevármelos conmigo. Así ustedes estarán donde yo esté».

Juan 14:3 NVI

En un instante, en un abrir y cerrar de ojos, al toque final de la trompeta. Pues sonará la trompeta y los muertos resucitarán con un cuerpo incorruptible, y nosotros seremos transformados.

1 Corintios 15:52 NVI

Tu bondad e inagotable generosidad me acompañarán toda la vida, y después viviré en tu casa para siempre.

Salmos 23:6

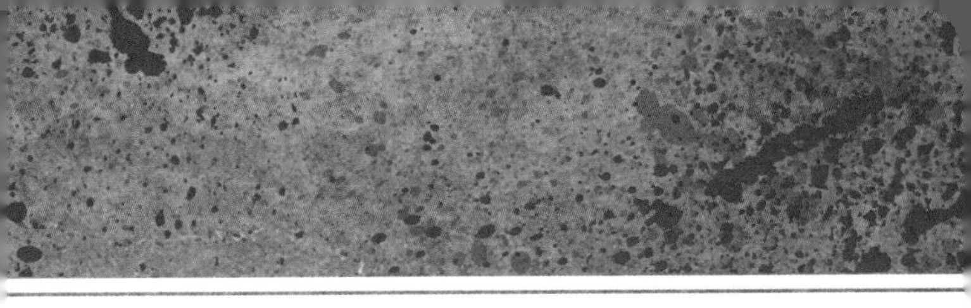

Amado Jesús, la eternidad es un concepto hermoso pero extraño a la vez. Como te he aceptado en mi corazón, viviré para siempre contigo. Un día regresarás a buscar a todos tus hijos, ¡y eso me incluye a mí! Gracias por este maravilloso regalo.

¿Puedes pensar en algo que te gustaría hacer para siempre?

ANSIEDAD

Al de carácter firme lo guardarás en perfecta paz,
porque en ti confía.

Isaías 26:3 NVI

«No dejen que el corazón se les llene de angustia;
confíen en Dios y confíen también en mí».

Juan 14:1 NTV

Dejen en las manos de Dios todas sus preocupaciones,
porque él cuida de ustedes.

1 Pedro 5:7 NBV

En mi angustia invoqué al Señor,
y él me respondió.

Salmos 120:1 NVI

Amado Dios, hay algunas cosas que me ponen ansioso, pero sé que tengo que aprender a confiar más en ti. Tú te interesas por mí y por mis problemas. Ayúdame a orar más y a preocuparme menos.

¿Qué pasos puedes dar para estar menos ansioso y confiar más?

CREATIVIDAD

¡Señor, qué variedad de cosas has hecho!
¡Y con qué sabiduría has hecho todo!
La tierra está llena de tus criaturas.

Salmos 104:24 NBV

Pues somos la obra maestra de Dios.
Él nos creó de nuevo en Cristo Jesús,
a fin de que hagamos las cosas buenas
que preparó para nosotros tiempo atrás.

Efesios 2:10 NTV

Y lo ha llenado del Espíritu de Dios, de sabiduría,
inteligencia y capacidad creativa.

Éxodo 35:31 NVI

Tenemos dones diferentes,
según la gracia que se nos ha dado.

Romanos 12:6 NVI

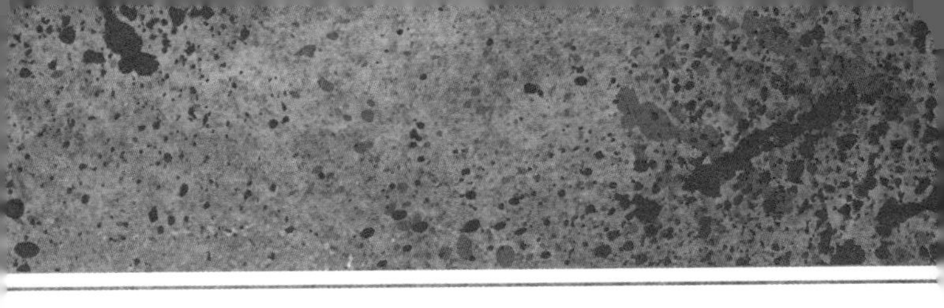

Amado Dios, tú creaste el mundo entero y todo lo que hay en él. Tú eres muy creativo y has creado muchas personas, animales y plantas distintas. Ayúdame a ser también creativo con los dones que tengo. Quiero usar mis dones para ti.

¿Cómo puedes usar tu creatividad para Dios?

VIDA

Que toda la alabanza sea para Dios, el Padre de nuestro Señor Jesucristo. Es por su gran misericordia que hemos nacido de nuevo, porque Dios levantó a Jesucristo de los muertos. Ahora vivimos con gran expectación.

1 Pedro 1:3 NTV

Esperamos la vida eterna que Dios, que no puede mentir, prometió desde antes de la creación del mundo.

Tito 1:3 NBV

Su divino poder, al darnos el conocimiento de aquel que nos llamó por su propia gloria y excelencia, nos ha concedido todas las cosas que necesitamos para vivir como Dios manda.

2 Pedro 1:3 NVI

Amado Jesús, tú diste tu vida por mí. Ahora, quiero darte mi vida. Ayúdame a usar lo que he aprendido sobre ti y tu Palabra para vivir para ti. Gracias por mi vida y por las vidas de todos los que amo.

¿Cuál es la mejor parte de la vida?

PROTECCIÓN

Mi Dios, la roca en quien me refugio.
Mi escudo y mi salvación, mi asilo y mi amparo.
¡Él me libró de los violentos!

2 Samuel 22:3 NBV

El Señor te libra de todo mal y cuida tu vida.
El Señor te protege al entrar y al salir,
ahora y para siempre.

Salmos 121:7-8 NTV

Nos vemos atribulados en todo, pero no abatidos;
perplejos, pero no desesperados; perseguidos,
pero no abandonados; derribados, pero no destruidos.

2 Corintios 4:8-9 NVI

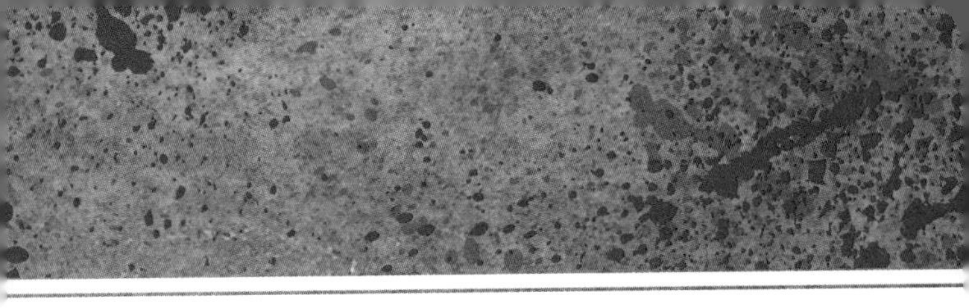

Amado Dios, a veces creo que soy fuerte y que no necesito protección, pero eso no es cierto. Necesito que me defiendas, porque este mundo intenta derribarme. Gracias por cuidarme siempre.

¿Cómo te hace sentir el saber que Dios siempre te está protegiendo?

ENTENDIMIENTO

Fuente de vida es la prudencia para quien la posee;
el castigo de los necios es su propia necedad.

Proverbios 16:22 nvi

La enseñanza de tu palabra da luz, de modo
que hasta los simples pueden entender.

Salmos 119:130 ntv

Dame entendimiento para seguir tu ley,
y la cumpliré de todo corazón.

Salmos 119:34 nvi

No actúen sin pensar, más bien procuren entender
lo que el Señor quiere que hagan.

Efesios 5:17 ntv

Amado Dios, hay muchas cosas que no entiendo, pero cuanto más aprenda sobre ti y tu Palabra, más sabré. Ayúdame a buscarte en todo lo que haga.

¿Qué necesitas que Dios te ayude a entender mejor?

COMPASIÓN

Cuando estoy con los que son débiles, me hago débil con ellos, porque deseo llevar a los débiles a Cristo. Sí, con todos trato de encontrar algo que tengamos en común, y hago todo lo posible para salvar a algunos.

1 Corintios 9:22 NTV

Ten compasión de mí, oh Dios, conforme a tu gran amor; conforme a tu inmensa bondad, borra mis transgresiones.

Salmos 51:1 NVI

Alabado sea el Dios y Padre de nuestro Señor Jesucristo, Padre misericordioso y Dios de toda consolación.

2 Corintios 1:3 NVI

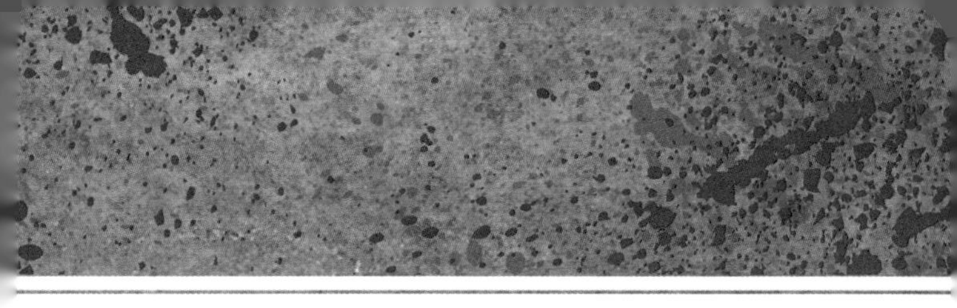

Amado Jesús, tú eres compasivo conmigo cuando soy débil. Espero que otros vean que te necesito cuando tengo problemas. Ayúdame a actuar con más amor hacia mis amigos y familiares para que ellos también puedan encontrar tu compasión.

¿Cómo muestras compasión?

ALABANZA

Canten al Señor un cántico nuevo,
ustedes, que descienden al mar, y todo lo que hay
en él; canten su alabanza desde los confines de la tierra,
ustedes, costas lejanas y sus habitantes.

Isaías 42:10 NVI

¡Alaben al Señor desde los cielos!
¡Alaben al Señor desde las alturas!
Alábenlo sus ángeles todos, todos sus ejércitos.
Alábenlo, sol y luna, y todas ustedes,
estrellas luminosas.
Alábenlo, altos cielos.
Alábenlo las aguas que están sobre los cielos.
Alábelo, todo cuanto él ha creado.
Porque él dio la orden, y ellos fueron creados.

Salmos 148:1-5 NBV

Amado Dios, tú mereces mucha más alabanza de la que yo pueda darte. Incluso el sol y la luna no pueden darte la alabanza suficiente. Gracias por todas las bendiciones que me has dado, y gracias por enviar a tu Hijo a morir por mí.

¿Cómo puedes mostrar la alabanza a Dios?

CREER

«Porque tanto amó Dios al mundo que dio a su Hijo unigénito, para que todo el que cree en él no se pierda, sino que tenga vida eterna».

Juan 3:16 NVI

Pero a todos los que creyeron en él y lo recibieron, les dio el derecho de llegar a ser hijos de Dios.

Juan 1:12 NTV

Debe apegarse a la palabra fiel, según la enseñanza que recibió, de modo que también pueda exhortar a otros con la sana doctrina y refutar a los que se opongan.

Tito 1:9 NVI

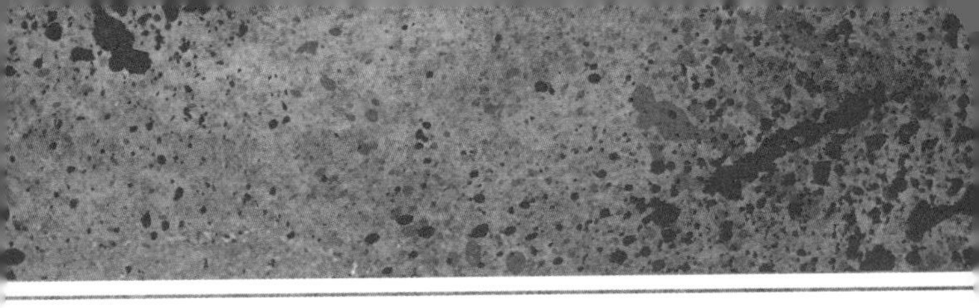

Amado Jesús, creo en ti y siempre quiero aprender más. Ayúdame a compartir lo que creo con mis amigos que no te conocen. Quiero usar lo que sé para defender tu nombre si alguna vez tengo que hacerlo.

¿Cómo compartes sobre lo que crees?

DESÁNIMO

Porque yo sé muy bien los planes que tengo para ustedes —afirma el Señor—, planes de bienestar y no de calamidad, a fin de darles un futuro y una esperanza.

Jeremías 29:11 NVI

«Vengan a mí los que estén cansados y afligidos y yo los haré descansar».

Mateo 11:28 NBV

Y este mismo Dios quien me cuida suplirá todo lo que necesiten, de las gloriosas riquezas que nos ha dado por medio de Cristo Jesús.

Filipenses 4:19 NTV

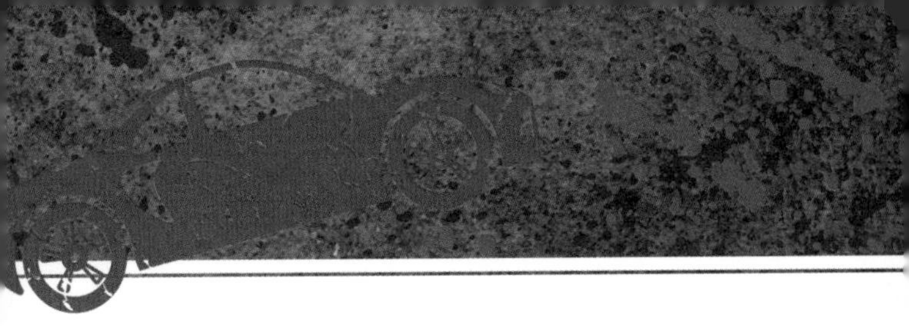

Amado Dios, a veces me siento desanimado cuando no apruebo un examen o no me va bien en los deportes. Tú estás ahí para ayudarme cuando siento que no soy lo bastante bueno. Te pido que tenga la capacidad de pedirte ayuda cuando esté en necesidad.

¿Para qué te vendría bien hoy la ayuda de Dios?

GENEROSIDAD

No seas mezquino, sino generoso,
y así el Señor tu Dios bendecirá todos tus trabajos
y todo lo que emprendas.

Deuteronomio 15:10 nvi

Cada uno debe dar según lo que haya decidido
en su corazón, no de mala gana ni por obligación,
porque Dios ama al que da con alegría.

2 Corintios 9:7 nbv

Si ayudas al pobre, le prestas al Señor,
¡y él te lo pagará!

Proverbios 19:17 ntv

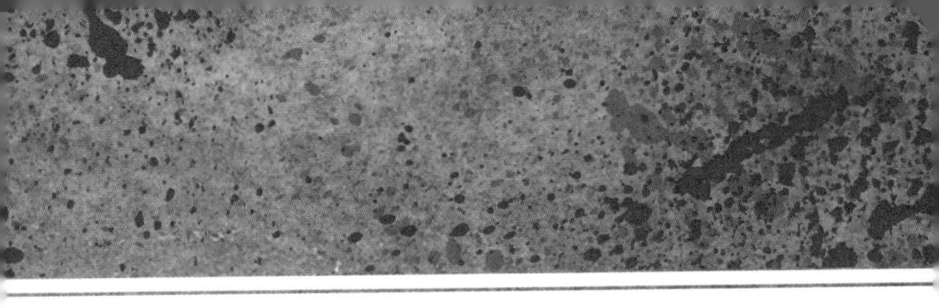

Amado Dios, no quiero ser egoísta con mis cosas. Quiero dar más a otros. Ayúdame a dar con un corazón generoso en lugar de dar porque siento que debería hacerlo. Cuando ayudo a otros, ayudo a mostrar tu amor.

¿Cuál es tu parte favorita de dar a otros?

INTEGRIDAD

Yo sé, mi Dios, que tú pruebas los corazones
y amas la rectitud. Por eso, con rectitud de corazón
te he ofrecido voluntariamente todas estas cosas.

1 Crónicas 29:17 NVI

«Entonces, si no hacen caso al más insignificante mandamiento y les enseñan a los demás a hacer lo mismo, serán llamados los más insignificantes en el reino del cielo; pero el que obedece las leyes de Dios y las enseña será llamado grande en el reino del cielo».

Mateo 5:19 NTV

El hombre íntegro anda seguro,
pero el perverso acabará mal.

Proverbios 10:9 NBV

Amado Dios, integridad significa hacer lo correcto incluso cuando nadie esté mirando. Tú siempre estás mirando, así que sabes cuando tomo una buena decisión y cuando tropiezo y caigo. Ayúdame a ser más honesto y a vivir con integridad.

¿De qué maneras puedes mostrar integridad?

VALENTÍA

Y predicaba el reino de Dios y enseñaba acerca del Señor Jesucristo sin impedimento y sin temor alguno.

Hechos 28:31 NVI

El malvado huye aunque nadie lo persiga;
pero el justo vive confiado como un león.

Proverbios 28:1 NVI

Cuando oro me respondes y me animas
dándome la fuerza que necesito.

Salmos 138:3 NBV

Así que acerquémonos con toda confianza al trono de la gracia de nuestro Dios. Allí recibiremos su misericordia y encontraremos la gracia que nos ayudará cuando más la necesitemos.

Hebreos 4:16 NTV

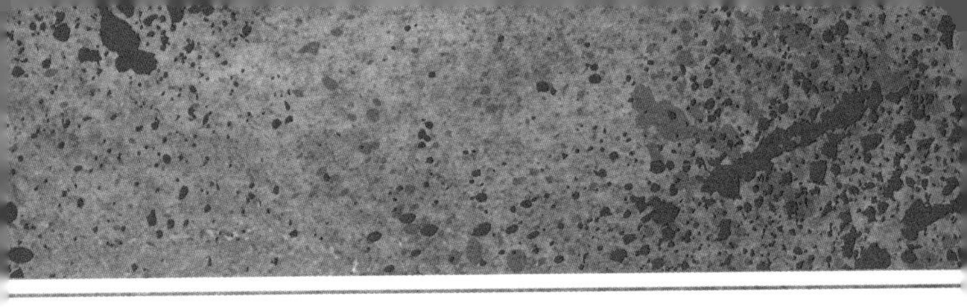

Amado Dios, tú quieres que sea valiente como un león para ti. Te pido confianza y fortaleza cuando intente hablar sobre ti con mis amigos. Ayúdame a hablar con valentía.

¿Qué te ayuda a sentirte seguro y valiente?

DELEITE

Al encontrarme con tus palabras, yo las devoraba;
ellas eran mi gozo y la alegría de mi corazón, porque yo llevo tu nombre, Señor Dios Todopoderoso.

Jeremías 15:16 NVI

Me deleito en hacer tu voluntad,
Dios mío, tu ley la llevo dentro de mí.

Salmos 40:8 NBV

Tus leyes son mi tesoro;
son el deleite de mi corazón.

Salmos 119:111 NTV

Hagan brillar su luz delante de todos,
para que ellos puedan ver las buenas obras de ustedes
y alaben al Padre que está en el cielo.

Mateo 5:16 NVI

Amado Jesús, estoy feliz de que estés en mi vida. Espero que la alegría que me das sea visible para mis amigos y familiares, para que ellos también puedan conocerte. Gracias por todas las bendiciones que me has dado.

¿Cómo puedes compartir el deleite de Dios con otros?

COOPERACIÓN

Entonces, háganme verdaderamente feliz poniéndose de acuerdo de todo corazón entre ustedes, amándose unos a otros y trabajando juntos con un mismo pensamiento y un mismo propósito.

Filipenses 2:2 NTV

Vivan en armonía los unos con los otros. No sean arrogantes, sino háganse solidarios con los humildes. No se crean los únicos que saben.

Romanos 12:16 NVI

No te hagas amigo de gente violenta, ni te juntes con los iracundos.

Proverbios 22:24 NVI

En fin, vivan ustedes en armonía unos con otros. Compartan sus penas y alegrías, ámense como hermanos, tengan compasión y sean humildes.

1 Pedro 3:8 NBV

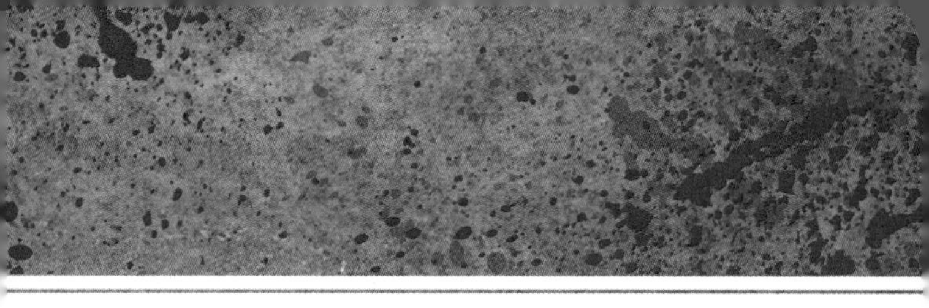

Amado Dios, a veces creo que mis ideas son mejores que las ideas de los demás, y eso hace que nos peleemos. Ayúdame a tener la mente abierta y amar a mis amigos y familiares para que aprendamos a trabajar juntos y a vivir en paz.

¿Cómo podrías cooperar mejor con tus amigos y familiares?

FE

Por medio de Cristo, han llegado a confiar en Dios.
Y han puesto su fe y su esperanza en Dios,
porque él levantó a Cristo de los muertos
y le dio una gloria inmensa.

1 Pedro 1:21 NTV

—Por la poca fe que tienen —les respondió—.
Les aseguro que, si tuvieran fe tan pequeña como un grano de mostaza, podrían decirle a esta montaña:
«Trasládate de aquí para allá», y se trasladaría.
Para ustedes nada sería imposible.

Mateo 17:20 NVI

Nos basta la fe que actúa a través del amor.

Gálatas 5:6 NBV

Ahora bien, la fe es la garantía de lo que se espera,
la certeza de lo que no se ve.

Hebreos 11:1 NVI

Amado Jesús, es increíble cuán poderosa es la fe. Fe significa confiar en ti en mi corazón. Significa que tú perdonarás todos mis pecados y podré vivir en el cielo contigo. Ayúdame a vivir para ti y a fortalecer mi fe cada día.

¿Qué entiendes sobre la fe?

DEDICACIÓN

«Si alguien quiere ser mi discípulo, tiene que negarse a sí mismo, tomar su cruz y seguirme».

Mateo 16:24 NVI

«Nadie puede ser sirviente de dos patrones, porque despreciará a uno y amará al otro. Nadie puede servir al mismo tiempo a Dios y a las riquezas».

Lucas 16:13 NBV

Esfuérzate por presentarte a Dios aprobado, como obrero que no tiene de qué avergonzarse y que interpreta rectamente la palabra de verdad.

2 Timoteo 2:15 NVI

No imiten las conductas ni las costumbres de este mundo, más bien dejen que Dios los transforme en personas nuevas al cambiarles la manera de pensar. Entonces aprenderán a conocer la voluntad de Dios para ustedes, la cual es buena, agradable y perfecta.

Romanos 12:2 NTV

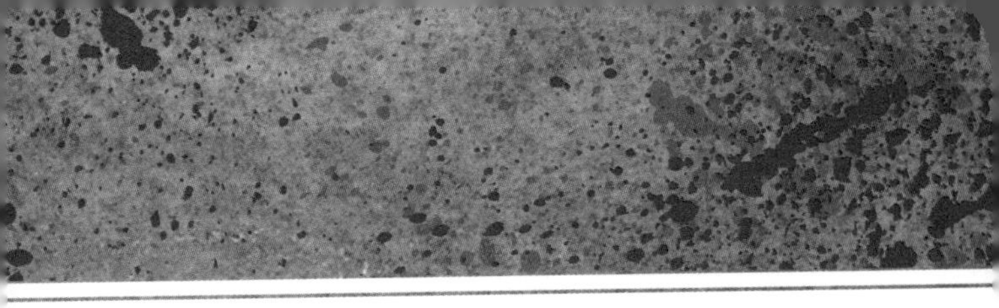

Amado Jesús, estoy dedicado a ti. Me gusta hacer deportes y ver películas, pero quiero pensar y actuar como tú. Ayúdame a mantener mi enfoque en ti para que otros puedan ver mi dedicación y me pregunten sobre ti.

¿Cómo puedes mostrar a otros tu devoción por Jesús?

QUIETUD

Tiempo de romper;
Tiempo de reparar;
Tiempo de callar;
Tiempo de hablar.

Eclesiastés 3:7 NBV

Por eso es bueno esperar en silencio
la salvación que proviene del Señor.

Lamentaciones 3:26 NTV

El que refrena su boca y su lengua
se libra de muchas angustias.

Proverbios 21:23 NVI

Si se enojan, no pequen; en la quietud del descanso
nocturno examínense el corazón.

Salmos 4:4 NVI

Amado Dios, hay mucho ruido en este mundo, pero hay tiempo de hablar y tiempo de guardar silencio. Quiero escucharte más en mi vida, así que ayúdame a saber cuándo estar callado.

¿Cómo silencias el ruido de este mundo?

ENOJO

¡Deja el enojo! Aparta la ira, no envidies a otros; con ello sólo te perjudicas. Porque los malvados serán destruidos, pero los que confían en el Señor heredarán la tierra y vivirán tranquilamente.

Salmos 37:8-9 NBV

Todos deben estar listos para escuchar, y ser lentos para hablar y para enojarse; pues la ira humana no produce la vida justa que Dios quiere.

Santiago 1:19-20 NVI

Además, «no pequen al dejar que el enojo los controle». No permitan que el sol se ponga mientras siguen enojados.

Efesios 4:26 NTV

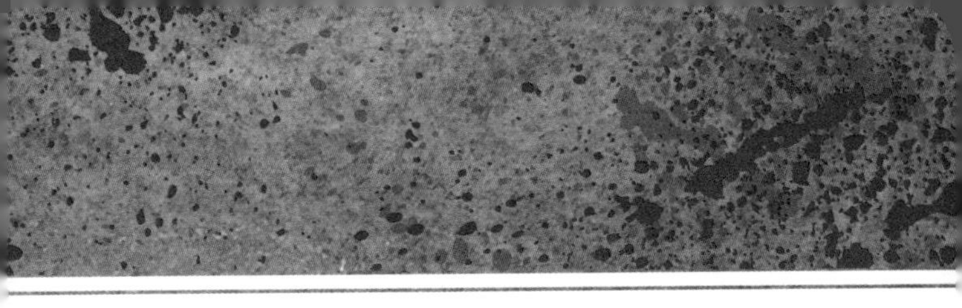

Amado Dios, a veces me siento muy enojado. Sé que no es bueno enojarse, así que por favor ayúdame a controlar mi mal genio cuando sienta que me estoy descontrolando. Quiero hablar menos y escuchar más para poder honrarte mejor.

¿Qué te ayuda a calmarte cuando estás enojado?

CULPA

Por cuanto el Señor omnipotente me ayuda,
no seré humillado. Por eso endurecí mi rostro como
el pedernal, y sé que no seré avergonzado.

Isaías 50:7 nvi

Otros también estaban radiantes por lo que él había
hecho por ellos. No estaban cabizbajos ni avergonzados.

Salmos 34:5 nbv

No, amados hermanos, no lo he logrado,
pero me concentro únicamente en esto:
olvido el pasado y fijo la mirada
en lo que tengo por delante.

Filipenses 3:13 ntv

Amado Jesús, quiero tu perdón para no sentirme culpable. Ayúdame a admitir mis pecados y a pedir tu gracia. Después de eso, tú dices que debo olvidar el pasado y enfocarme en el futuro. Necesito que me ayudes a hacer eso.

¿Por qué Dios no quiere que sientas culpa y vergüenza?

CONFIANZA

Yo soy el camino, la verdad y la vida
—le contestó Jesús—. Nadie llega al Padre sino por mí.

Juan 14:6 nvi

Todos los que conocen tu misericordia, Señor,
contarán contigo para que los auxilies, pues jamás
has abandonado a quienes en ti confían.

Salmos 9:10 nbv

Pero yo, Señor, en ti confío, y digo: «Tú eres mi Dios».
Mi vida entera está en tus manos;
líbrame de mis enemigos y perseguidores.

Salmos 31:14-15 nvi

Así es, el Señor está de mi parte; él me ayudará.
Miraré triunfante a los que me odian. Es mejor
refugiarse en el Señor que confiar en la gente.

Salmos 118:7-8 ntv

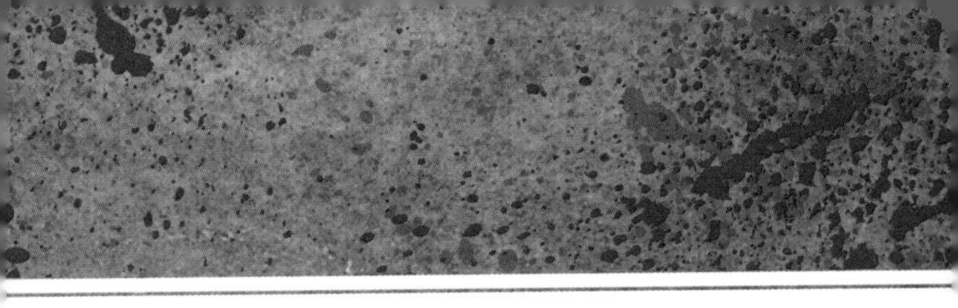

Amado Jesús, sé que siempre puedo confiar en ti y que tú eres el camino a la vida eterna. Ayúdame a acudir a ti cuando tenga preguntas sobre mi fe o cuando tenga miedo de algo. Te necesito.

¿Cómo sabes que puedes confiar en Dios?

GRACIA

Que su conversación sea siempre amena y de buen gusto.
Así sabrán cómo responder a cada uno.

COLOSENSES 4:6 NVI

Pero él nos ayuda más con su favor.
Por eso la Escritura dice: «Dios está en contra de
los orgullosos, pero a favor de los humildes».

SANTIAGO 4:6 NBV

El pecado ya no es más su amo, porque ustedes
ya no viven bajo las exigencias de la ley. En cambio,
viven en la libertad de la gracia de Dios.

ROMANOS 6:14 NTV

Amado Jesús, tu gracia me dio perdón y amor. Es lo que me permite tener una relación contigo. Ayúdame a actuar con más gracia durante mis días para poder vivir como tú.

¿Cómo puedes usar la gracia cuando estás con otras personas?

SOLEDAD

«Enséñenles a obedecer los mandamientos que les he dado. De una cosa podrán estar seguros: Estaré con ustedes siempre, hasta el fin del mundo».

Mateo 28:20 NBV

El Señor está cerca de todos los que lo invocan, sí, de todos los que lo invocan de verdad.

Salmos 145:18 NTV

¿Quién nos apartará del amor de Cristo? ¿La tribulación, o la angustia, la persecución, el hambre, la indigencia, el peligro, o la violencia?

Romanos 8:35 NVI

Sean fuertes y valientes. No teman ni se asusten ante esas naciones, pues el Señor su Dios siempre los acompañará; nunca los dejará ni los abandonará.

Deuteronomio 31:6 NVI

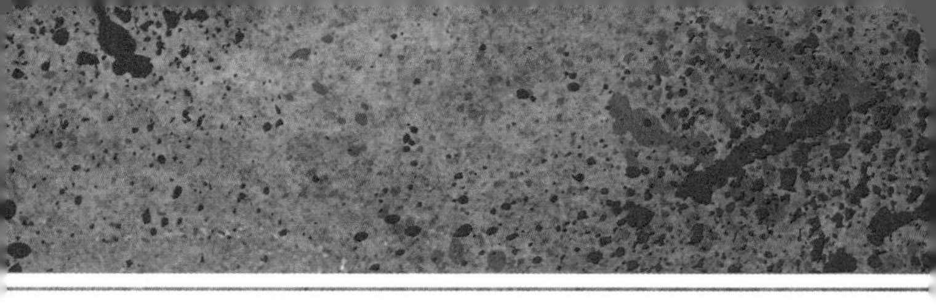

Amado Dios, cuando estoy solo, sé que realmente nunca estoy solo. Tú siempre estás conmigo. Gracias por ser mi ánimo y fortaleza cuando me siento perdido.

¿Cuándo te sientes solo?

VICTORIA

Se alista al caballo para el día de la batalla,
pero la victoria depende del Señor.

Proverbios 21:31 nvi

Pues todo hijo de Dios vence a este mundo de maldad,
y logramos esa victoria por medio de nuestra fe.

1 Juan 5:4 ntv

Tuya es, Señor, la salvación;
¡envía tu bendición sobre tu pueblo!

Salmos 3:8 nvi

Por eso, queridos hermanos míos, a los que amo y
extraño mucho, a ustedes que son mi alegría y mi corona
les digo que se mantengan firmes en el Señor.

Filipenses 4:1 nbv

Amado Jesús, sin importar cuán preparado crea que estoy para los desafíos, nunca estaré totalmente preparado sin ti. Cuando gano partidos con mis amigos o me va bien en las competiciones, ayúdame a recordar que todas mis victorias vienen de ti.

¿Cuál fue la última victoria que tuviste?

SALVACIÓN

Porque la paga del pecado es muerte,
mientras que la dádiva de Dios es vida eterna
en Cristo Jesús, nuestro Señor.

Romanos 6:23 nvi

Porque por gracia ustedes han sido salvados
mediante la fe; esto no procede de ustedes,
sino que es el regalo de Dios.

Efesios 2:8 nvi

Si declaras abiertamente que Jesús es el Señor
y crees en tu corazón que Dios
lo levantó de los muertos, serás salvo.

Romanos 10:9 ntv

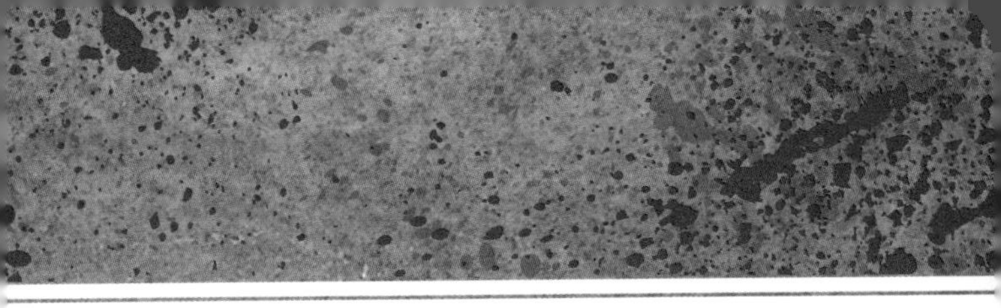

Amado Jesús, quiero darte todo mi corazón para que siempre esté contigo. Soy un pecador y no me merezco tu perdón, pero tú me lo das igualmente. Gracias por morir en la cruz por mí.

¿Qué significa la salvación?

FAMILIA

Tanto Jesús, que nos santifica, como nosotros, que somos los santificados, tenemos un mismo origen. Por ello, Jesús no se avergüenza de llamarnos hermanos.

Hebreos 2:11 NBV

Por lo tanto, siempre que tengamos la oportunidad, hagamos bien a todos, y en especial a los de la familia de la fe.

Gálatas 6:10 NVI

Nosotros somos las diversas partes de un solo cuerpo y nos pertenecemos unos a otros.

Romanos 12:5 NTV

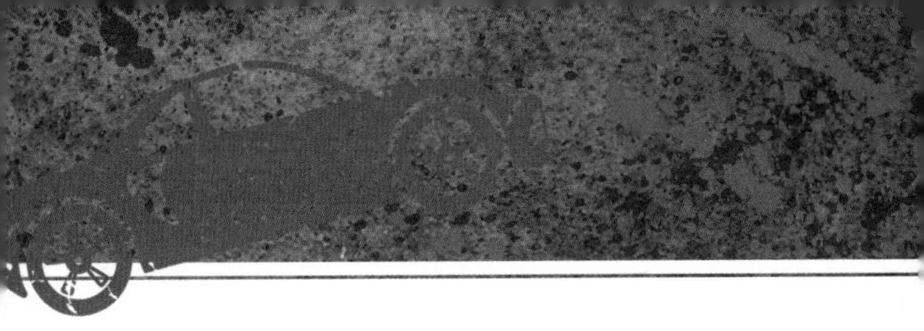

Amado Dios, si tu familia se parece en algo a la mía, es una locura, pero a la vez maravilloso. Gracias por hacerme parte de tu familia para que pueda estar rodeado de personas que te aman.

¿Qué te gusta de la familia en la que Dios te ha puesto?

VALENTÍA

Por último, fortalézcanse con el gran poder del Señor. Pónganse toda la armadura de Dios para que puedan hacer frente a las artimañas del diablo.

Efesios 6:10-11 nvi

Estén alertas; sean fieles al Señor.
Pórtense con valor y sean fuertes.
Cualquier cosa que hagan, háganla con amor.

1 Corintios 16:13-14 nbv

Aun si voy por valles tenebrosos,
no temo peligro alguno porque tú estás a mi lado;
tu vara de pastor me reconforta.

Salmos 23:4 nvi

Mi mandato es: «¡Sé fuerte y valiente! No tengas miedo ni te desanimes, porque el Señor tu Dios está contigo dondequiera que vayas».

Josué 1:9 ntv

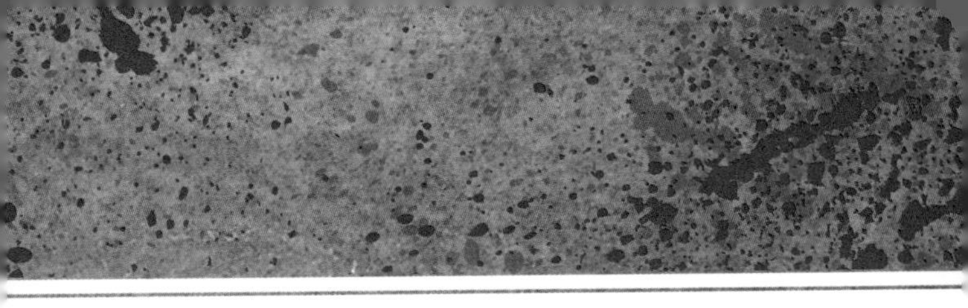

Amado Dios, no siempre tengo el valor para vencer mis temores o defender lo que creo, pero ayúdame a tener valentía. Ayúdame a seguir aprendiendo tu Palabra y hacer tu obra con la armadura que me diste.

¿Cuándo fue la última vez que mostraste valentía?

PAZ

«Yo les he dicho estas cosas para que en mí hallen paz. En este mundo afrontarán aflicciones, pero ¡anímense! Yo he vencido al mundo».

Juan 16:33 NVI

El Señor le da fuerza a su pueblo;
el Señor lo bendice con paz.

Salmos 29:11 NTV

Que el Señor de paz les conceda su paz siempre y en todas las circunstancias. El Señor sea con todos ustedes.

2 Tesalonicenses 3:16 NVI

«Les dejo un regalo: paz en la mente y en el corazón. Y la paz que yo doy es un regalo que el mundo no puede dar. Así que no se angustien ni tengan miedo».

Juan 14:27 NTV

Amado Dios, tengo que recordar que tú me has dado el regalo de la paz. Mi vida no siempre será fácil, pero tú dices que no tengo de qué tener miedo. Gracias por ganar la batalla por mí.

¿Cuándo tienes que recordar la paz que Dios te dio?

AMOR

Tres cosas durarán para siempre: la fe, la esperanza
y el amor; y la mayor de las tres es el amor.

1 Corintios 13:13 NTV

Tú, Señor, eres bueno y perdonador; grande es tu amor
por todos los que te invocan.

Salmos 86:5 NVI

Llénanos con tu amor por la mañana,
y toda nuestra vida cantaremos de alegría.

Salmos 90:14 NBV

Que nunca te abandonen el amor y la verdad:
llévalos siempre alrededor de tu cuello y escríbelos
en el libro de tu corazón.

Proverbios 3:3 NVI

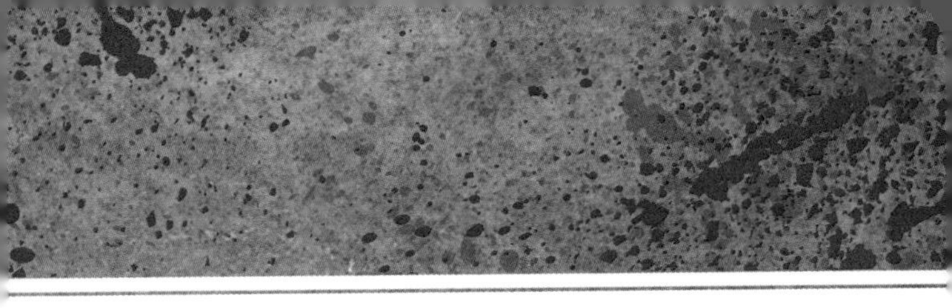

Amado Jesús, tú me enseñas que el amor es una característica importante. Tú no amas solamente cuando es fácil. Tú amas siempre. Quiero usar tu amor como un ejemplo de cómo amar a otros.

¿Cómo puedes compartir hoy un poco del amor de Dios?

SEGURIDAD

Pues todo lo puedo hacer por medio de Cristo,
quien me da las fuerzas.

Filipenses 4:13 NTV

Sé tú mi roca de refugio adonde pueda yo siempre acudir;
da la orden de salvarme, porque tú eres mi roca,
mi fortaleza… Tú, Soberano Señor, has sido mi
esperanza; en ti he confiado desde mi juventud.

Salmos 71:3, 5 NVI

Porque el Señor estará siempre a tu lado
y te librará de caer en la trampa.

Proverbios 3:26 NVI

Amado Dios, no siempre tengo la confianza suficiente para hablarles a personas nuevas o responder preguntas en grupos grandes, pero sé que tú estás ahí para mí. Tú me das la confianza que necesito. Gracias por ser mi fortaleza.

Describe una ocasión en la que Dios te ayudó a sentirte más confiado.

HONESTIDAD

Mantenme alejado de caminos torcidos;
concédeme las bondades de tu ley. He optado por
el camino de la fidelidad, he escogido tus juicios.

Salmos 119:29-30 nvi

«No hay nada escondido que no llegue a descubrirse,
ni hay nada secreto que no llegue a conocerse
públicamente».

Lucas 8:17 nbv

El rey se complace en las palabras de labios justos;
ama a quienes hablan con la verdad.

Proverbios 16:13 ntv

En cambio, hablaremos la verdad con amor.

Efesios 4:15 ntv

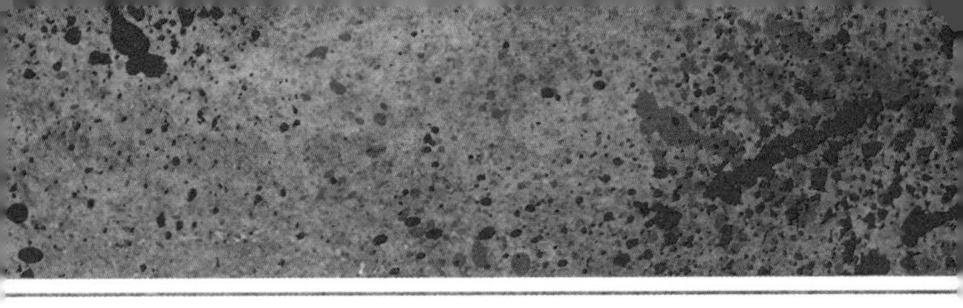

Amado Jesús, quiero ser como tú y seguir tus leyes. La honestidad es importante. Ayúdame a ser siempre veraz con mi familia y mis amigos. Gracias por tu ejemplo.

¿Hay algo en lo que necesites ser honesto?

ÁNIMO

¡El Señor tu Dios ha llegado para vivir en medio de ti!
Él es tu Salvador poderoso, que siempre cuidará de ti.
Él se regocijará en ti con gran alegría;
te amará y no te acusará.

Sofonías 3:17 nbv

Más bien, mientras dure ese «hoy»,
anímense unos a otros cada día.

Hebreos 3:13 nvi

Las palabras amables son como la miel:
dulces al alma y saludables para el cuerpo.

Proverbios 16:24 ntv

Estén alegres. Crezcan hasta alcanzar la madurez.
Anímense unos a otros. Vivan en paz y armonía.
Entonces el Dios de amor y paz estará con ustedes.

2 Corintios 13:11 ntv

Amado Dios, es cierto que las palabras amables sientan bien y te alegran el día. Gracias por ese recordatorio. Ayúdame a animar a mis amigos y mi familia como tú me animas a mí.

¿Qué te anima cuando te sientes desanimado?

DETERMINACIÓN

¿No saben que en una carrera todos los corredores compiten, pero solo uno obtiene el premio? Corran, pues, de tal modo que lo obtengan. Todos los deportistas se entrenan con mucha disciplina. Ellos lo hacen para obtener un premio que se echa a perder; nosotros, en cambio, por uno que dura para siempre.

1 Corintios 9:24-25 NVI

Me esforcé tanto por encontrarte; no permitas que me aleje de tus mandatos.

Salmos 119:10 NTV

He peleado la buena batalla, he llegado al final de la carrera y me he mantenido fiel.

2 Timoteo 4:7 NBV

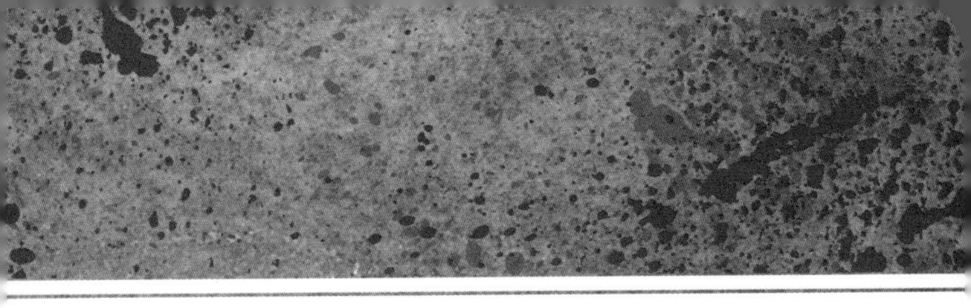

Amado Dios, tú quieres que tenga determinación para conseguir el premio. Quiero ganar, porque vivir para siempre en el cielo contigo es mi premio. Ayúdame a llegar a la meta para ti.

¿Cómo te hace sentir el hecho de ganar para Dios?

LUZ

«Yo soy la luz del mundo. El que me sigue no andará en tinieblas, sino que tendrá la luz de la vida».

Juan 8:12 NVI

«Ustedes son la luz del mundo, como una ciudad en lo alto de una colina que no puede esconderse. Nadie enciende una lámpara y luego la pone debajo de una canasta. En cambio, la coloca en un lugar alto donde ilumina a todos los que están en la casa. De la misma manera, dejen que sus buenas acciones brillen a la vista de todos, para que todos alaben a su Padre celestial».

Mateo 5:14-16 NTV

Porque ustedes antes eran oscuridad, pero ahora son luz en el Señor. Vivan como hijos de luz.

Efesios 5:8 NVI

Amado Jesús, tú eres la luz que no se puede cubrir. Quiero tener también esa luz y mostrar a otros cuán maravilloso eres. No es fácil cuando el mundo está tan oscuro, pero cuando confío en ti me siento seguro.

¿Cómo puedes ser una luz para Dios?

ORACIÓN

Por la mañana, Señor, escuchas mi clamor;
por la mañana te presento mis ruegos,
y quedo a la espera de tu respuesta.

Salmos 5:3 nvi

Oren sin cesar.

1 Tesalonicenses 5:17 nvi

El Señor está lejos de los malos,
pero escucha las oraciones de los justos.

Proverbios 15:29 nbv

Vengan, postrémonos reverentes, doblemos la rodilla
ante el Señor nuestro Hacedor.

Salmos 95:6 nvi

Amado Dios, a veces no converso contigo tanto como debería. Tú quieres oír de mí cuando me suceden cosas buenas y también malas. Ayúdame a no dejar de orar nunca. Gracias por oírme cuando hablo.

¿Por qué asunto puedes orar en este momento?

DESOBEDIENCIA

Hijos, obedezcan a sus padres en todo,
porque esto agrada al Señor.

COLOSENSES 3:20 NVI

Por sus acciones el niño revela
si su conducta será pura y recta.

PROVERBIOS 20:11 NBV

El que cumple el mandamiento cumple consigo mismo;
el que descuida su conducta morirá.

PROVERBIOS 19:16 NVI

Recuerden que es pecado saber lo que
se debe hacer y luego no hacerlo.

SANTIAGO 4:17 NTV

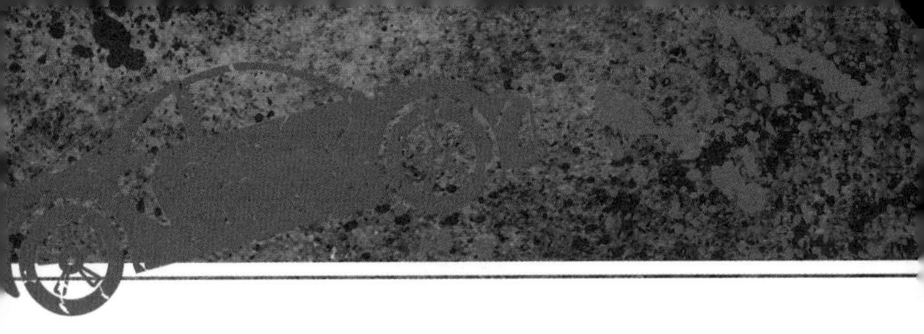

Amado Dios, a veces sé lo que debería hacer, pero no lo hago, y a veces sé lo que no debería hacer y aun así lo hago. Eso es desobediencia, y no quiero actuar así. Ayúdame a obedecer a mis padres y a ti.

¿Por qué es importante ser obediente?

DISPOSICIÓN

Con mi ejemplo les he mostrado que es preciso trabajar duro para ayudar a los necesitados, recordando las palabras del Señor Jesús: «Hay más dicha en dar que en recibir».

Hechos 20:35 NVI

Porque, ¿quién es más importante, el que está a la mesa o el que sirve? ¿No lo es el que está sentado a la mesa? Sin embargo, yo estoy entre ustedes como uno que sirve.

Lucas 22:27 NVI

Cuando vean a algún hermano en necesidad, corran a ayudarlo. Y fórmense el hábito de ofrecer alojamiento a los que lo necesiten.

Romanos 12:13 NBV

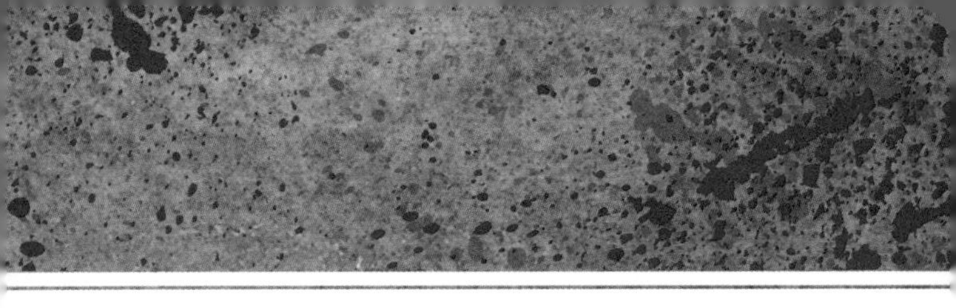

Amado Jesús, es muy agradable recibir ayuda y regalos, pero tú dices que es mejor servir a otros. Ese es un buen recordatorio. Ayúdame a tener un corazón dispuesto a ayudar a la gente que tiene menos que yo.

¿Qué podrías hacer hoy para ayudar a alguien?

BroadStreet Publishing Group, LLC
Savage, Minnesota, EUA
BroadStreetPublishing.com

ORACIONES Y PROMESAS PARA LOS NIÑOS

ISBN: 978-1-4245-6799-7 (piel símil)
e-ISBN: 978-1-4245-6800-0 (libro electrónico)

Diseño por Chris Garborg | garborgdesign.com
Compilación por Kendall Moon, edición en inglés por Michelle Winger
Traducción, adaptación del diseño y corrección en español por LM Editorial Services | lmeditorial.com | lydia@lmeditorial.com con la colaboración de Belmonte Traductores (traducción) y www.produccioneditorial.com (tipografía)

Impreso en China / Printed in China

24 25 26 27 28 * 6 5 4 3 2 1